Von den gleichen Autoren erschienen außerdem
als Heyne-Taschenbücher

Jeder hat das Recht · Band 35/5
Gesellschaftsspiele · Band 35/19
Heilige Kühe der Deutschen · Band 35/41

Kurt Halbritter
Ludwig Harig

Die Ballade vom großen Durst

Bilder und Verse zur Enzyklopädie der Bierflasche

WILHELM HEYNE VERLAG
MÜNCHEN

HEYNE ALLGEMEINE REIHE
Band 01/6610

Genehmigte, ungekürzte Taschenbuchausgabe
Mit freundlicher Genehmigung des Carl Hanser Verlags München-Wien

Printed in Germany 1985
Umschlaggestaltung: Atelier Ingrid Schütz, München
Gesamtherstellung: Presse-Druck, Augsburg

ISBN 3-453-02204-1

Inhalt

Aufsuchen des Gegenstands

Unaufhörlich rinnt das Wasser,
flüssig, spritzig und gewandt
als ein ausgesprochen nasser
heitrer Aggregatzustand.
Wasser ist der Welten reger
Lebens- und Ideebeweger.

Wasser wechselt, ein Mäander:
kaum gefunden, kaum vereint,
fließt es wieder auseinander,
Sozietät ist gut gemeint.
Nur Gefühle von Phantomen
regen sich in den Atomen.

Nichts verliert sich so im Sande,
keines Stoffes Eigenschaft
ist so gut dazu imstande,
mit geheimer Wirkungskraft
aufzutauchen, zu verschwinden
und ein Neues zu entbinden.

Wasser trinken gern die Tiere,
für den Menschen besser ist
Wasser, aufgebraut im Biere,
weil er sonst den Rausch vermißt.
Wasser, Hopfen, Gerstenmalz
rinnen rasch durch seinen Hals.

Doch der Mensch setzt dem Gefühle
klug entgegen seinen Kopf.
Daß die nassen Moleküle
sich vertragen Tropf bei Tropf,
schuf er gegen dieses rasche
Auseinanderfliehn die Flasche.

Bambusrohr und Kürbispflanze,
Ton und Steingut, formgemäß,
sie umhüllten einst die ganze
Feuchtsubstanz als Hohlgefäß.
Aber schließlich, blase! blase!
kam die Flasche aus dem Glase.

Blase, Glas- und Flaschenbläser,
blas nur zu an deinem Platz,
blase Flaschen, blase Gläser,
blase Bauch und Halsansatz!
Blase, blase, laß jedoch
oben zum Genuß das Loch!

Höchstes Stück aus Stahl und Asche,
preßgeformt aus Kieselfluß,
ist die Pfand- und Standardflasche
mit dem Hebeldruckverschluß.
Und sein Leben lang kann kein
Mensch mehr ohne Flasche sein.

Ringsherum im Weltgetriebe
tönt ein lautes Wehgeschrei.
Fromme, Brave, Mörder, Diebe:
Seufzen, Stöhnen, vielerlei.
Ja, in allen Lebenslagen
hört man jammervolle Klagen.

Wonach klingen diese Schwüre,
daß das Ja der Braut erstickt?

Wonach knödelt
die Walküre,
daß der Hunding
jäh erschrickt?

Wonach seufzt der Gondoliere
in dem Boot bei der Hetäre?

Wonach streckt der dicke Rochen
seine tausend Zähne aus?

Schreit der Spatz nach einem Knochen,
einem Wurme, einer Maus?

Und was flüstert Meister Petz,
daß er glücklich wär, er hätts?

Wonach kreischt der Wassergott aus der wilden Meereswelle?

Wonach plärrt Graf Bernadott oben von der Zitadelle?

*Wonach steht dem Patriarche
dort der Sinn auf seiner Arche?*

Wonach tönt es aus dem Orte
mit dem Herzen in der Tür?

Welches sind die
letzten Worte
dieses Menschen,
und wofür?

Wonach piepst der Heinzelmann,
der kaum Atem schöpfen kann?

Wonach kreischt der Doppelmeister,
der sich unbesiegbar fühlt?

Wonach flehen Flaschengeister,
die das Meer ans Land gespült?

Wonach greifen Hand und Ton
aus dem alten Grammophon?

Schon die Kleinsten, kaum geboren,
schrein danach aus Leibeskräften.

Alte, die in taube Ohren
danach unablässig kläfften.

Ja, die schöne Nofretete
tausend Jahre danach flehte.

Aus Jugend und Familienleben

Schon im Milch- und Honigbrunnen
gründet sich des Menschen Zwist,
schlägt er sich die tiefen Schrunnen,
zeigt er sich als Darwinist.
Ohne Messer noch und Gabel
ist er schon wie Kain und Abel.

Später dann, im zarten Alter,
nutzt er die Gelegenheit,

sattelt seinen Arterhalter,
trägt die Waffe an der Seit.

Und die Flasche wird zum Faß.
Plötzlich ist die Mauer naß.

Mählich wächst das Menschenwesen,
doch die Flasche nicht mit ihm.

Ohne vieles Federlesen
doppelt er sie legitim.

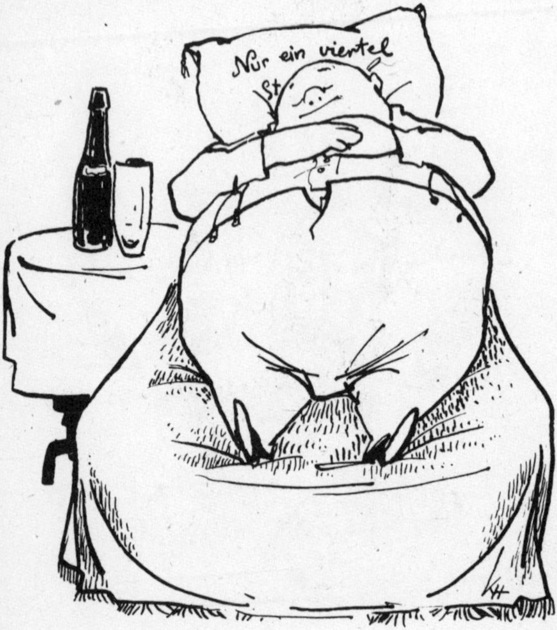

Will die Masse nicht gelingen,
muß die Menge es ihm bringen.

Falls er ohne Frau geblieben,
ohne eignen Tisch und Herd,
fühlt er sich hinausgetrieben,
klettert auf sein Schaukelpferd,
reitet über Berg und Tal
bis zu seinem Stammlokal.

Über Hecht und Artischocke
schwingt er sein Insektennetz,

Doch er hilft sich mit dem Stocke
bei der Glätte des Parketts.

Trachtet man ihm nach dem Glase,
rümpft er seine dicke Nase.

Fröhlich schwankt der Mensch
nach Hause,
gut beschützt durch ein Gebot.

Unterwegs wirft ein Banause
um ein Haar ihn mausetot.

Flog die Flasche wie die Keule,
heilt sie doch auch seine Beule.

Ist der Mensch zu zwei geworden,
feiert er die fromme Zeit,
und mit fröhlichen Akkorden
dankt er für die Flüssigkeit.
Innen in dem Christbaumschmuck
singt es weihnachtlich gluck! gluck!

Ach, die gleichen Interessen!
Seines, sieht man, ist auch ihrs.

Und sie rückt sich mit Finessen
näher an die Gunst des Biers.

Ist die Flasche erst mal offen,
darf der Mensch auf Bessres hoffen.

Wenn auch Welt und Wesen toben,
Frieden strömt die Flasche aus.

Reicher Segen fällt
von oben,
Gnade füllt das
ganze Haus.

Tapfrer Mensch verdient den Lohn.
Heilsam ist die Infusion.

Naht des braven Menschen Ende,
klopft es an die Türe, horch!
Auf die Schwelle hüpft behende
aus dem ersten Bild der Storch.
Hat die Flasche mitgebracht.
Niemand mehr sie streitig macht.

Aus der Arbeitswelt

Sicher, wie der Schaft des Stengels
trägt der Blüte Himmelblau,
trägt ein Satz von Marx und Engels
einen ganzen Überbau.
Nichts als rätselhaftes Streben
ist des Menschen Menschenleben.

Er muß die Natur beherrschen,
will er dieses produzieren.
Nur im Kampf den faulen Ärschen
zählt er nicht mehr zu den Tieren.
Großen Anteil hat das Schaffen
an der Menschwerdung des Affen.

Fängt Natur an, ihm zu weichen,
wenn er sie bezwungen hat,
ringt er dann mit seinesgleichen,
aber nimmer wird er satt.
Konkurrenz kennt keine Heilung.
Schmählich ist die Arbeitsteilung.

Widerspruch verursacht Hektik,
und der Mensch entwickelt Dampf,
wirft sich kraft der Dialektik
in den heißen Arbeitskampf.
Durst ist ein Naturbedürfnis,
das Getränk Kulturzerwürfnis.

Whisky trinkt der Indianer,
Korn der braune Papua,
Mate mag der Mexikaner,
Rum der Mensch aus Afrika.
Korn und Rum, es trinken jeden
Alkohol die blonden Schweden.

Rotwein schlürft der Angoulèmer,
Weißwein wächst am Genfersee.
Nur der deutsche Arbeitnehmer,
treues Glied der EG,
trägt in brauner Ledertasche
deutsches Bier in seiner Flasche.

Auf dem Weg zur Arbeitsstätte nimmt das Bier die rechte Bahn.

Der Monteur am Fließband hätte fast den falschen Schlag getan.

Einer wird im Kreis gewälzt,
bis das Bier im Faß gemälzt.

Meister malt mit schwarzer Farbe
auf dem schwankenden Gerüst.
Daß nicht allzu sehr er darbe,
stillt er plötzlich sein Gelüst.
Knechtisch ist die dunkle Gier.
»Herrlich schmeckt ein helles Bier.«

Internisten-Diagnose gilt als unabänderlich.

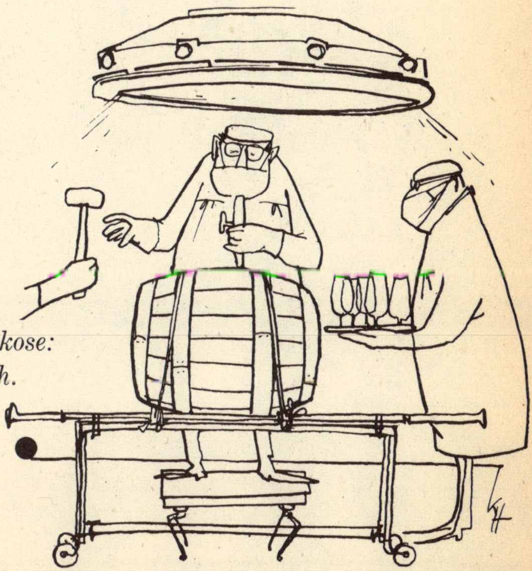

Des Chirurgen Vollnarkose: ein präziser Faßanstich.

Nur das lasche Militär
operiert imaginär.

Der Hornist ist rasch zur Stelle,
wenn es in der Nähe brennt.

Eine Feuerwehrkapelle
musiziert nicht abstinent.

Jeder nutzt zu seiner Zeit
die verschiedne Flüssigkeit.

Mancher brave
Fallschirmspringer
klammert sich an eine List.

Jeder Schrecken wird geringer,
wenn die Erde nahe ist.

Doch auch die am Himmel schweben,
dürfen in der Gnade leben.

Eins der Menschen
höchster Güter
ist das Digital-Programm.
Twiggy dient dem
Schnellen Brüter
so gefügig wie ein Lamm.

Stärker ist der freie Wille.
Plötzlich stehn die Räder stille.

Bei verborgnen Erdarbeiten ist die Pause einstudiert.

Städtische Persönlichkeiten reagieren irritiert.

Ausgetrocknet ist der Mund
jener, die im Untergrund.

Mancher Galgenstrick bebrütet
einen Plan im Arbeitshaus.
Der Ganove, wohlbehütet,
bricht auf seine Weise aus.
Jeder weiß, der sichs erdreistet,
was der Flasche Inhalt leistet.

Heißbegehrt von allen Seiten
ist das Geldfach in der Bank.

Zweckentfremdet
wird zuzeiten
der und jener
Panzerschrank.

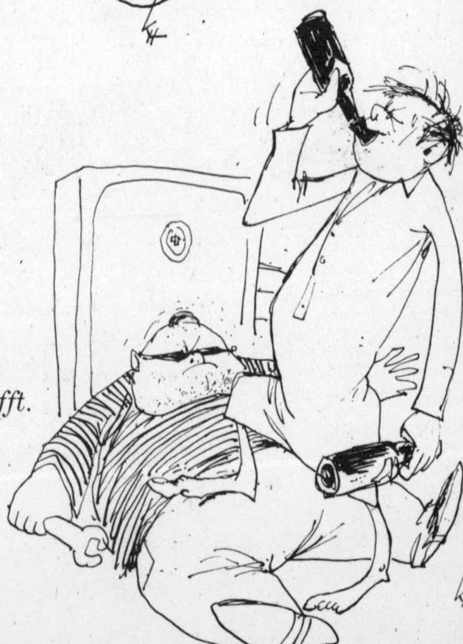

Aber gar nicht allzu oft
kommt die Rettung unverhofft.

Gutes Spiel ist abgekartet.
Rascher, als man es begreift,
länger, als man es erwartet,
gehn die Herren quergestreift.
Beide gehn den gleichen Weg,
einer hat ein Privileg.

Heilig ist der Feierabend.
Keine Panne bringt Verdruß.

Außen sich und innen labend
ist ein schöner Hochgenuß.

Doch die höchste Lust
des Frommen
sind die Freuden,
welche kommen.

Der Bankier der alten Schule
nimmt den Mehrwert als Profit.
Krisenfest in seinem Stuhle
er die Schlußbilanzen zieht.
Ein Lakai stillt seine Lüste.
Wehe, wenn das Engels wüßte!

Lange darf der Mensch
nicht rasten,
der den Lauf der Zeiten
kennt.

Tief im hohlen Schädelkasten
dämmert es: Advent! Advent!

Wenn er Nikolaus nicht hätte,
gäb es keine Faßstafette.

Aufgeklärt und ökonomisch
löst der Mensch meist sein Problem.
Häufig endet gastronomisch,
was extrem begann vordem.
Metaphysische Potenzen
dienen seinen Existenzen.

Bühne und Manege

Wer hat je in seinem Leben
der gedacht im Rampenschein?
Menschen zaubern, fliegen, schweben
und riskieren Hals und Bein.
Alles staunt und alles lacht.
Wer hat ihrer je gedacht?

Wer hat je in seinem Traume
zaubern, fliegen, schweben können?
Oh, wer schwerelos im Raume,
dem ist Ruhm und Ehr zu gönnen!
Harlekin und Luftikus
sind des Menschen Überfluß.

Wer stand je auf einer Bühne,
hat mit falschem Bart und Geld
einmal feige, einmal kühne
Charaktere dargestellt
wie Jeanne d'Arc, die Tugendsame
oder die Kameliendame?

Bei der Schürzung der Konflikte,
in Kulisse, am Trapez,
tritt abrupt in die verzwickte
Szene eine Flasche stets.
Wer dem Mimen Kränze flicht,
ohne Flasche geht es nicht.

Flaschen fliegen, Flaschen knallen,
Flaschen rollen wie Lawinen,
Flaschen wirbeln, Flaschen fallen
und der arme Held mit ihnen.
Aus der Flasche fließt der Schierling
und zerfrißt den bösen Gierling.

Ach, wer je von allen Leuten
einmal dort gewesen ist,
wo die Bretter Welt bedeuten,
eines nimmermehr vergißt:
ohne künstliche Verflaschung
gibt es keine Überraschung.

Was dem findigen Hausierer
hier aus seiner Schachtel springt,

springt genausogut aus ihrer,
kein Spiralendreh mißlingt.
Ergo folgt der Flug der Flasche
Zaubertrick und Hexenmasche.

Mächtig ist sie aufgestiegen
durch des Mannes Meisterschaft.

Doch sie hat im
Abwärtsfliegen
auch genügend
Durchschlagskraft.

Vor dem durchtrainierten Gehen
steht sie ruhig auf den Zehen.

Harlekin, wie es zu schaun,
braucht nur seinen Kopf zu beugen.

Dieser ränkevolle Clown
will mit purem Wasser säugen.

Alkohol- und Ätherrauschen
lassen häufig sich vertauschen.

Kenner halten die Balance
und vergeuden keinen Tropf.

Meister können es in Trance,
Bein an Bein und Kopf an Kopf.

Dieser braucht bei solcher Hebung
eine Edelpils-Belebung.

Jumbo hält Kollegenjause,
dieses kostet ziemlich viel,

denn es kommt zur
Zehnuhrpause
Löwe, Zebra, Krokodil.

Mit vermehrter Pferdekraft
wird es gleich herbeigeschafft.

Er, in Bellachini-Pose,
zaubert es aus seinem Hut.

Jener Geigenvirtuose
trägt es leicht, bequem und gut.

Je geräumiger der Trichter,
um so trockner die Gesichter.

Jedem, dem Gesang gegeben,
winkt die gute, grüne Flasche.

Möchte man sie pünktlich heben,
trägt man sie in seiner Tasche.

Jeder schaut schon ganz verzückt,
wie der Zeiger weiterrückt.

Ach, wie tönt Musik modern,
wenn sie laut und disharmonisch.
Rhythmisch tropft der Baß des Herrn,
perkussiv und elektronisch.

Mit Begleitung und con brio
musiziert das Katzentrio.

Der gereizte Rigoletto
schreit nach Urpils mit Bravour,

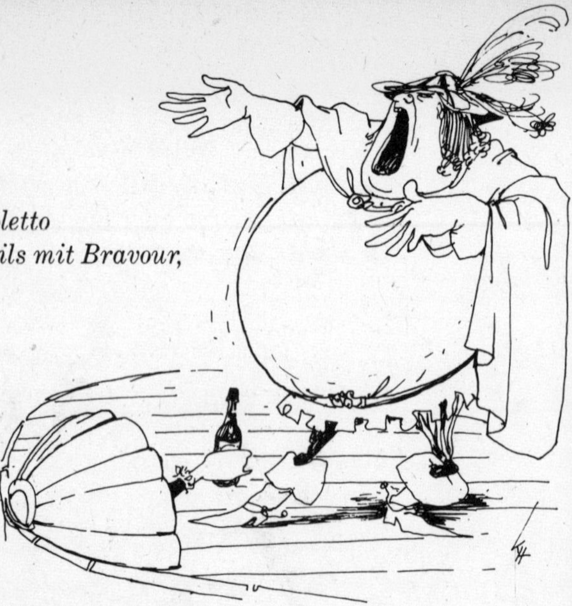

während Kuniberts Libretto
eine Änderung erfuhr.

Kasperle, der Erzgescheite,
hat das Glück auf seiner Seite.

Jenen, vor der
Kinobühne,
hält die Leinwand
nicht zurück.

Fröhlich sitzt er da, der Kühne,
und genießt sein Zauberstück.

Diese, ohne Regisseur,
zaubert selbst als Amateur.

Sport und Spiele

Wahrheit, Güte, hehre Ziele
hat der Mensch sich selbst beschert.
Doch ein weitres, Sport und Spiele
machen ihn bemerkenswert.
Wieviel Herzen sind ergeben
dem gekonnten Muskelbeben!

Welche Lüste sind beschieden,
wenn ein Spielbein sich bewegt!
Welche Wonnen erst hienieden,
wenn ein Schenkel jäh sich regt!
Doch am tiefsten sind die Spuren
bei den Brustmuskulaturen.

Feste Beine, harte Knorren
dauern nicht für alle Zeit.
Mut und Muskeln mählich dorren,
lechzen sehr nach Flüssigkeit.
Und es bleibt nicht aus, der lasche
Körper sehnt sich nach der Flasche.

Menschen sind Betriebsmaschinen
mit geschmiertem Räderlauf,
und in allen Disziplinen
taucht der Bauch der Flasche auf.
Ein verfehlter Tropfen wäre
Gift für Volkssportfunktionäre.

Fischen, Fußball, Hüpfen, Hockey:
Trinken hält das Spiel in Fluß.
Taucher, Traber, Jäger, Jockey
öffnen den Patentverschluß,
und von Hals zu Halse rinnt es,
Lust- und Lebenstropfen sind es.

Jeder Spieler ist gewillt,
einzustehn mit
Leib und Leben.

Wenn die schwarze Pfeife schrillt,
muß er selbst sein Letztes geben.

Nach dem Allerletzten drängen
sich die Menschen auf den Rängen.

Fußball wird zum Sportproblem,
wenn der Tormann närrisch ist.

Einer macht es sich bequem,
der sogar sich selbst vergißt.

Und ein dritter, primitiv,
reagiert sehr aggressiv.

Dieser baut sich seinen Laden
zur Erfrischungsbude um.

Jener liebt den feinen Faden
einer Spinne rundherum.

Nur die allerdickste Haut
sein Gehäus total verbaut.

Will der kugelrunde Ball
seinen freien Geist verhauchen,
weiß er doch für diesen Fall,
wozu Flaschen zu gebrauchen.

Doch die Spielzeit ist verstrichen,
wenn der Geist ins Faß entwichen.

Aufgetriebne Dinge steigen
kraft Natur und kraft Gesetz

und sich wieder abwärts neigen
in den Korb mit seinem Netz.

Mancher nach dem Himmel schifft
und den Mann im Monde trifft.

Mancher ist ein Biedermeier,
bleibt an seinem sichren Ort.
Friedlich steht er dort am Weiher,
Angeln ist ein schöner Sport.
Er verweilt den ganzen Tag,
nur, daß keiner beißen mag!

Abends hat er, schlecht und recht,
eine Flasche an der Leine.
Doch der ausgepichte Hecht,
er erwartet auch so eine.

Wehe, wenn sie nun zerklirrt
und der Fisch zur Nixe wird.

Traber traben nach dem Lohne,
Fahrer sitzen währenddessen.

Schließlich aber gehts auch ohne,
und es traben, die gesessen.

Wird das Pferd jedoch zum Stiere,
heißt es prompt: kapituliere!

Diese Herrn, in vollen Zügen,
vornehm im Zylinderhut,
ziehen aus zum Jagdvergnügen,
zielen scharf und schießen gut.
Sind es drei, so muß auf Erden
einer zu der Scheibe werden.

Waldi bringt anstatt
des Hasen
Flaschenbier
auf alle Fälle.

Hats zum Halali geblasen,
ist das Festgetränk zur Stelle.

Nach dem Hasen spürts der Jäger:
Alkohol macht träg und träger.

Jagd auf Starkbier macht alerter,
und die Flasche wird zum Puck.

Doch im Tor der clevre Wärter
freut sich auf den ersten Schluck.

Aus dem hohlen Hockeystock
fließt das steife Niklausbock.

Immer heikler, immer schneller!
Jedem skialpinen As
kommt sein individueller
neuer Abfahrtsstil zupaß.
Der geschickte Antipode
übt die Amateurmethode.

Er trainiert auf der Lawine
den perfekten Abfahrtsstil.
Andre machen böse Miene
zu dem frohen Winterspiel.

Optimal ist, unbestritten,
diese Schußfahrt auf dem Schlitten.

Es ist aufgeputscht im ganzen,
wem der Geist vor Augen steht.

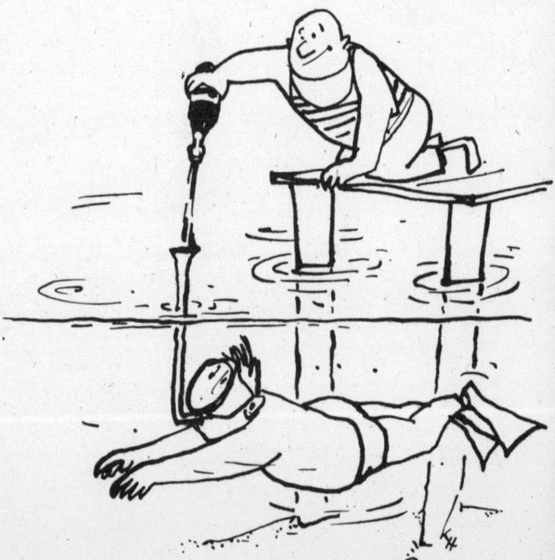

Andrerseits sind
Stimulanzen
wirksam nur,
wo sie konkret.

Doch das Göttliche der Flasche
neigt olympisch sich zur Asche.

Aus dem Reich der Tiere

*Was dem Reichen, was dem Fürste
recht ist, ist dem Armen billig.
Doch nicht nur des Menschen Dürste
machen ihn frivol und willig.
Nein, auch das Gelüst der Tiere
trachtet nach dem kühlen Biere.*

*Becher, Gläser, Flaschen, Fässer
bergen einen tiefen Sinn.
Niemand aber weiß es besser,
als wer eingetaucht darin.
Menschen und auch Tiere haschen
nach dem Sinngehalt der Flaschen.*

Plötzlich öffnet jemand leise,
wohlbedacht und sachgemäß,
doch auf zauberische Weise
das verschlossene Gefäß:
Wie es schäumt und leuchtet, schau!
Und die Katze sagt: miau.

Pussi schmiegt sich überschwenglich
an die Backe ihres Herrn.
Oh, wie köstlich und verfänglich
lockt das Naß, und gar nicht fern.

Pussi freut am meisten sich
über diesen Faßanstich.

Wird der Bock erst angestochen,
explodiert das ganze Faß.

Meister Petz hat es gerochen,
und es kommt ihm gut zupaß.

Bäuchlings folgen raschem Schritt
diese feinen Herrn selbdritt.

Andrerseits die braven Hunde
recken standhaft sich empor.

Waldi nutzt die Schrecksekunde
und enteilt mit steilem Ohr.

Was dem Waldi flüssig deucht,
ist den Herren nicht zu feucht.

Feucht ist das Revier der Fische.
Mancher kurvt in ihm vermessen.

Doch in seiner Sommerfrische
ist nicht jeder ruhmbesessen.

Dieser Goldfisch wechselt nur den Charakter der Natur.

Jene Fische sind zufrieden
mit den Tropfen, die da sprühn.

Wem kein solches Glück beschieden,
muß sich selber drum bemühn.

Dieser kluge Tintenfisch
tut es ganz erfinderisch.

Oben in dem Reich der Lüfte
werden alle Vögel wach.
Aus dem Faß die süßen Düfte
locken ihrer hundertfach.

Einer hat es schon geschafft,
hockt und hackt mit aller Kraft.

Zum gewohnten Dämmerschoppen
öffnet sich die Kuckucksuhr.
Hänschen klein läßt sich nicht foppen,
flötet wie ein Troubadour,

springt heraus mit einem Ruck
und genießt den ersten Schluck.

Lora aus der guten Schule
hält die Flasche und frohlockt,
sitzt bequem auf einem Stuhle,
wo zuvor der Herr gehockt.

Lüsterner als Lore noch
ist die Drachenbrut jedoch.

Lästig fallen die Insekten,
denen ja seit eh und je
Malz und Hopfen köstlich schmeckten,
wirklich lästig, jemine!

Flügelstark und insgeheim
fahren sie die Beute ein.

Durch Geschichte und Legende

Wo des Menschen Weltgeschichte
sich im Altertum verliert,
wird ein jedes Tun zunichte,
nur nicht, was den Durst gebiert.
Und so lernen wir als erstes:
Durst, das ist des Menschen Schwerstes.

Denn schon die Neandertaler
fachte damals, dann und wann,
ein verruchter, ein fataler
Eifer nach dem Trinken an.
Auch die braven Nibelungen
schmachteten mit trocknen Zungen.

Kühn und kunstgerecht entblößte
es die Höhlenmalerei,
daß seit grauer Zeit der Größte
jener mit der Flasche sei.

Doch von Hagen, diesem Toren,
ließ er sich das Herz durchbohren.

Auch im Land der Pyramiden
galt die Flasche, was sie ist.

Und die römischen Boliden
spielten mit der Hinterlist.

Selbst im 13. Jahrhundert
hat das Trinken nicht verwundert.

Auf dem Knie von Kunigunde
kriegt der Ritter einen Rausch.

Doch in vorgerückter
Stunde
kommts zu einem
Partnertausch.

Schmählich ist die Eifersucht,
und der Geist, er sinnt auf Flucht.

Liegt im Kerker er
an Ketten,
trinkt er wie die
Mitinsassen.

Aber mancher muß sich retten,
wenn er wieder freigelassen.

Und es sträubet sich das Haar
dessen, der fürwitzig war.

Weiter schreitet die Geschichte,
weiter schreitet die Kultur.
Nach des Geßlers Standgerichte
kommt es zu dem Rütlischwur.

Hinter Hamelns Rattenfänger
wird die Schlange immer länger.

Schau nur, was die Musikanten diesem Räuberpack entreißen!

Schau, wonach die Augen brannten auf dem Küchentisch der Geißen!

Auch im Korbe von Rotkäppchen
liegen Flaschenbier und Häppchen.

Selbst das liebliche Schneewittchen,
das schon in dem Sarge schlief,
spült das quere Apfelschnittchen
in den Bauch hinunter tief.

Ach, das Bier! hinunter rinnts!
Zwerge freuen sich und Prinz.

Heißa, wie die Zwerge pumpen,
und das ganze Glas ist naß.

Aufwärts steigen mit den Lumpen
Flasche, Henkelkrug und Faß.

Endspiel in der Abfalltonne
ist die allergrößte Wonne.

Doch die Zeit kennt keine Gnade
und uns keine Ruhe läßt.
Märchen, Sage und Ballade
halten es im Verse fest.
Herrn Münchhausens Winkelzüge
sind die Wahrheit in der Lüge.

Der Baron fliegt in die Lüfte.
Laut ist der Kanonenknall.

Mit der Rechten in der Hüfte
steht der forsche Feldmarschall.

Würde nur die Flasche fehlen,
gäb es keine Parallelen.

Alle Menschen sind gegangen
durch Geschichte und Legenden.
In der Höhle angefangen,
muß des Durstes Trieb nicht enden.
Keiner ist ein Drückeberger,
denn der Durst wird immer ärger.

Adam lechzt und Eva schmachtet.
Beiden ist das Glück beschieden,
beiden, denn ein jeder trachtet
nach dem schönen Seelenfrieden.

Und sie breiten ihre Brust.
Amor stillt des Durstes Lust.

In fernen Ländern

Ferne Länder, weite Meere
liegen draußen vor dem Tor.
Geht man um die Straßenkehre,
steht man meistens schon davor.
Libanon und Afrika
sind gefährlich und ganz nah.

Weite Meere, ferne Länder
liegen gar nicht weit von hier,
denn exotische Gewänder
sieht man ja vor jeder Tür.
Afrika und Libanon
drohen aus der Nähe schon.

Fern ist nah, und nah ist ferne
schief ist grade, grad ist schief:
Erde, Sonne, Mond und Sterne,
alles ist so relativ.
Länder, Meere, alles prima,
wetterwendisch ist das Klima.

In der Nähe ist es milde,
in der Ferne ist es heiß.
Dort gebärdet sich der Wilde,
und es rinnt der nasse Schweiß.
Menschen, Tiere, mit Gezänke
raufen sich um die Getränke.

In der Heimat rauft man gerne,
wo die Tiere brav gezähmt,
aber draußen in der Ferne
werden sie gleich unverschämt.
Setzt den Fuß man auf die Schwelle,
sind die Bestien schon zur Stelle.

Dieser Geier raubt verwegen
jener Männer letzte Naschung.

Der Schimpanse liebt dagegen
das Moment der Überraschung.

Ganz entschieden tut zuviel
das gemeine Krokodil.

Er, so weit die Füße tragen,
zu servieren ist gewillt.

Dieser wartet ohne Zagen,
bis des Löwen Durst gestillt.

Das verworfne Löwenpaar
ist besonders undankbar.

Mut im Durste, das begreife,
zeiget selbst der Mameluck.

Türkisch ist die Wasserpfeife,
Vorsicht ist des Christen Schmuck.

Jeder Wüstenritt geht fehl
ohne Sattel und Kamel.

Iß und trink! verdau und atme!
heißt der Wahlspruch der Emire.
Also geht die schöne Fatme
stolz durch die beschützte Türe.

Und der Scheich auf seinem Kissen
braucht ein Bier nicht zu vermissen.

Dieser bohrt an rechter Stelle
nach dem teuren Öle hier.
Doch es sprudelt aus der Quelle
in den Krug ein kühles Bier.

Und in El Kuweit die
Pipeline
wird zum fernen
Wüstenkneiplein.

Bhagwan aus dem Land des Ganges
reckt und räkelt seine Glieder,
und voll wilden Tatendranges
legt er sich zum Denken nieder.
Doch sein Meditiererbett
ist kein spitzes Nagelbrett.

Dieser schwarze Diplomat
seiner fürstlichen Durchlaucht
schreitet couragiert zur Tat,
weil man seine Hilfe braucht.

Denn der Häuptling
von Zaire
leidet unter trockner
Niere.

Doch der Nachschub ist gefährdet,
wenn es dem Gorilla schmeckt.

Mungo freudig sich gebärdet,
weil er sein Idol entdeckt.

Auf dem Kriegspfad führt der Wilde
eine Flasche in dem Schilde.

Nicht auf sein Getränk verzichtet,
wer den großen Teich durchquert.

Doch als allerers tes sichtet
er, was er so sehr verehrt.
Denn im Staate Arizona
wächst die Flasche in persona.

Längst hat sich herumgesprochen,
was der Wagen transportiert,
und sein Weg wird unterbrochen,
bis der Inhalt ausprobiert.

Dieser gierige Apasche
prüft die Qualität der
Flasche.

Doch es schmückt sie als Kanone
diese Cowboys im Saloon.

Cowboys leben nicht gern ohne,
sind gefährlich und immun.

Zeigt man seinen Kopf in Texas,
lernt man rasch, wie tief der Schreck saß.

In der Bar am Rio Grande
blüht das Erbe der Nation.
Was Don Pedro nicht imstande,
das bewältigt hier sein Sohn.
Söhne alle Rätsel lösen,
wenn die Alten selig dösen.

Seefahrt. Einsame Insel

Menschen graben, heben, walken,
fliegen hoch und fahrn zur See.
Doch das Meer hat keine Balken,
wer nicht schwimmen kann, o weh!
Das Motor- und Segelschiff
ist des Schwimmens Inbegriff.

Auf der Woge, durch den Brecher
fährt der Schiffer auf dem Meer.
Fröhlich, wenn gefüllt der Becher,
mürrisch, wenn die Flasche leer.
Der Matros wird blaß und blasser:
naß und durstig macht das Wasser.

Und so winken Abenteuer
in der Südsee, im Atlantik.
Manchem ist es nicht geheuer,
und er wird nervös und grantig.
Zeigt die Woge keine Glättung,
sinnt der Mensch sogleich auf Rettung.

An der Uferbalustrade
kommt die Rettung
vom Tablette.

An der Hafenpromenade
winkt sie hinter
Glas und Kette.

Doch am schönsten sind die Knickse
vor der fischgeschwänzten Nixe.

An der Mole liegt der Steamer.
Kapitän, Maat und Matros
werden immer maritimer,
und dann heißt es: Leinen los!

Auf der Welle tanzt das Schiff,
gut gesteuert, fest im Griff.

Tief in der Patronentasche
und als Bein an einer Schnur
ist die wohlgeformte Flasche
eine Allzweckappratur.
Immer schon bewaffnet trat
auf die Reling der Pirat.

In der See, an mancher Stelle,
werden Periskope sichtbar.

Salzig ist des Meeres Welle,
das Getränk ist unverzichtbar.

Weh, wem eine dicke Scheibe
trennt die Flasche von dem Leibe.

Neptun flaggt von seiner Boje,
doch der Dampfer fährt vorbei.

Traumverloren stößt die Koje
an die Insel von Hawaii.

Schiff und Flasche sind gesunken,
Notsignal wird ausgewunken.

Glücklich, wer zuerst entdeckt
einer Insel größten Schatz,

wer sich vor der Welt
versteckt
still an einem solchen
Platz.

Doch das Leergut muß mitunter
von dem Landeplatz herunter.

Mister Amundsen verschlug es
in des Poles kaltes Klima.
Andre froren, er ertrug es
dank des Butlers Hilfe prima.
Eisgekühlt ist dessen Ware,
und zu Berge stehn die Haare.

In dem Wettlauf bleibt er Sieger
und erzielt den Weltrekord.
Amundsen besteigt den Flieger
und verläßt den kalten Ort.
Für die braven Pinguine
öffnet er die Luftkabine.

Dieser labt sich, selig naschend,
an den allerletzten Resten.

Dieser landet überraschend
unter heftigen Protesten.

Der bestellt per Telefon,
was im Grund verloren schon.

Ein gesunder und ein guter
Durst gebiert den Optimist.
Für die volle Flasche tut er
mehr als menschenmöglich ist.
Doch es scheitern alle Grillen,
um den großen Durst zu stillen.

Gebrauchsanweisung

Lehrreich ist der Doppelkopf:
nimm das Leben in die Hände!

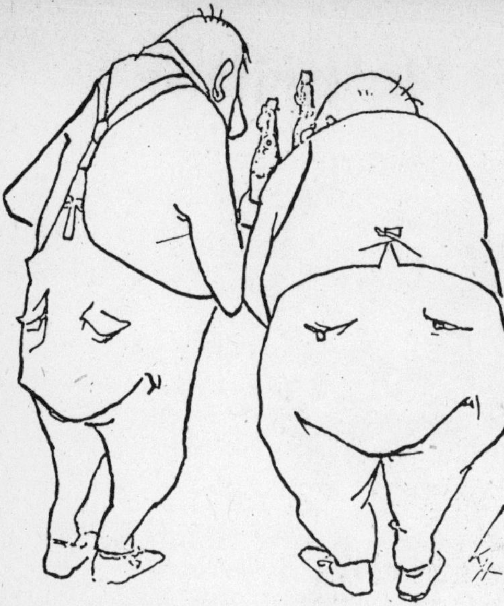

Nimm es vorne fest beim Schopf,
hinten ist es meist zu Ende.

Gibt es Doppelbock am Tresen:
mach kein langes Federlesen!

Kurt Halbritter

»Kurt Halbritter war ein scharfer, fast unerbittlicher Beobachter, der dem Schwierigsten auf der Spur war: der Wahrheit.«
(Klaus Staeck)
Wenn Halbritter Karikaturen zeichnet, dann muß er nicht übertreiben oder verzerren, um uns Schrecken einzujagen oder uns lachen zu lassen. Er hält ganz einfach fest, wie wir sind, wie wir uns benehmen – und schon ist alles aufgedeckt: unsere Heuchelei, unsere Vorurteile, unsere Anmaßung und unsere Dummheit.

Die freiheitlich rechtliche Grundordnung
100 Karikaturen. Mit einem Vorwort von Klaus Staeck
1985. 112 Seiten. Gebunden

Adolf Hitlers Mein Kampf
Gezeichnete Erinnerungen an eine große Zeit
3. Auflage 1978. 240 Seiten. Leinen

Jeder hat das Recht
1976. 216 Seiten. Leinen

bei Hanser